Sasa Putzar

Das Wassermannkind

Eine astrologische Betrachtung

Text und Bilder dieses Buches stammen von Sasa Putzar.

Für die technische Unterstützung danke ich Paul Putzar.
Für den Freiraum, den ich zum Arbeiten brauchte,
Martha Putzar.
Für die Korrekturen danke ich meinem Mann,
Carsten Putzar.
Und Leon danke ich für sein Lachen.

Sasa Putzar

Herstellung: m media, Kaufering

Dieses Buch spricht über

Vorwort

Es gibt ungeheuer viele astrologische Bücher. Manche beschreiben die Eigenschaften der verschiedenen Sternzeichen sehr treffend. Andere versuchen viele astrologische Einzelheiten möglichst genau zu erklären. Dabei gelingt es nur selten, den Menschen, die sich hinter den Symbolen verbergen, tatsächlich gerecht zu werden.

Jeder Erwachsene war irgendwann einmal Kind. Hat oft mühsam gelernt, sich seine Welt zu erobern. Musste die Wirklichkeit in sich mit der Realität außerhalb vereinbaren. Vielleicht temperamentvoll, vielleicht zögerlich. Vielleicht voller Elan und Freude an jeder neuen Begegnung. Vielleicht still und verträumt mit sich selbst beschäftigt. Jeder auf seine ganz persönliche Art.

Die Symbole der Astrologie, die sich als Horoskop zeigen, stellen das auf eindrucksvolle Weise dar. Die Kunst des Astrologen ist es, dieses Bild in Sprache zu verwandeln und so zu übersetzen, dass man als Leser das Wesen des Beschriebenen erfassen kann.

Ein Buch über Kinder zu schreiben ist eine Herausforderung. Denn keines der Symbole hat zu dieser Zeit des Lebens schon die Führung übernommen. Keine der komplizierten Verknüpfungen ist schon dominant geworden. Alles schlummert noch, als Potenzial angelegt in dem Ozean der Möglichkeiten.

Natürlich gibt es die Anlage, die als so genannter Aszendent die grundsätzliche Eigenart repräsentiert. Da gibt es die Sonne, die diese Anlage verwirklicht und dies auf einzigartige Weise macht. Auch der Mond spielt gerade bei Kindern eine große Rolle, denn er stellt die Emotionen und die Welt der Seele dar, die bei Kindern eine noch offene und unschuldige Verbindung zu den Dingen des Lebens haben. Hier gibt es Merkur, der eine Art Brücke bildet. Die Brücke zur Kommunikation mit der Außenwelt. Vielleicht vergleichbar mit der Fähigkeit, Kontakt aufzunehmen. Und schließlich sollte man auch Mars erwähnen, der zeigt, in welchen Bereichen die größte Durchsetzungskraft liegt. Und wie sie spürbar gemacht werden kann.

Es gibt noch viele andere beschreibbare Symbole im Horoskop, deren Erklärung jedoch zu weit führen würde.

Hier geht es um die Kraft der Sonne und die vielfältigen Möglichkeiten, sie zu entfalten. All diese Möglichkeiten liegen noch unberührt und ungeformt in einem Schlummer, der mit der Geburt ganz langsam endet. Von diesem Augenblick an begegnet uns andauernd etwas oder jemand, der uns berührt, verändert, formt. Von nun an agieren wir. Und reagieren. Werden aktiv oder bleiben passiv. Nutzen unser Potenzial oder verbergen es. Entwickeln Mut und Angst.

Dieses Buch beginnt vor den Geschichten. Zu einer Zeit, in der noch alles möglich ist. In einer Phase, in der es erst mal nur Stärken gibt, weil Mut noch keine Not wenden muss. In der Zurückhaltung noch keine Angst kennt, sondern aus der Lust am Beobachten und Spüren entsteht. Hier gibt es noch keine festen Grenzen zwischen dem Empfinden des Ichs und des Anderen. Auch wenn vieles passiert, manche Schwangerschaft nicht leicht verläuft und Geburten auch sehr schwer sein können, beginnt das Leben doch in den meisten Fällen mit kleinen Schritten. Und erwacht geruhsam in die Welt des Bewusstseins.

Genau hier beginnt dieses Buch seine Reise.

Einführung

Der Volksmund verleitet uns immer wieder dazu, das jeweilige Sternzeichen, unter dem wir geboren wurden, als Synonym für unsere Eigenart zu verwenden. Das stimmt jedoch nur teilweise. Denn dieses Symbol steht für unser Verhalten. Es ist unsere ganz eigene Art zu handeln. Unsere Form der Kreativität. Mit dem Sternzeichen bringen wir das ans Licht, was in uns als Eigenart schlummert. Natürlich entsteht zwischen dieser Anlage und ihrer Verwirklichung ein sehr subtiles Wechselspiel. Ein Sonnenstand in einem Sternbild, das kraftvolle und einsatzfreudige Eigenschaften vertritt, wird Begabungen anders durchsetzen, als der Sonnenstand in einem Zeichen, das eher Kommunikation und Austausch fördert. Ebenso kann manches Sonnenzeichen zu sanft erscheinen, für eine Anlage, die besonders groß wirkt. Manch andere Sonne agiert mit feurigem Einsatz, um ein ganz zartes Bedürfnis ans Licht zu bringen. Eben diese Form des Spannungsbogens macht aus jedem Menschen ein Unikat, macht ihn einzigartig. Und damit liebenswert.

Da wir das Bewusstsein für unsere Anlagen erst im Laufe unseres Lebens entwickeln, können wir uns in der Beobachtung erst mal nur an das halten, was wir wahrnehmen. Vor allem während der Jahre der Kindheit. Im Wesentlichen beobachten wir hier also das „Wie“ und nicht das „Was“.

Vielleicht erinnern Sie sich an diese wunderschönen und auch sonderbaren Momente, während derer Sie Ihr Kind die ersten Male in den Armen hielten. Vielleicht erleben Sie diese unvergleichlichen Augenblicke ja auch gerade in dieser Zeit Ihres Lebens. Dort, auf Ihrem Arm, liegt ein kleines, noch fremdes Wesen, das Sie in den nächsten Stunden, Tagen und Wochen langsam kennen lernen werden. Sie wissen nicht, wer da zu Ihnen gekommen ist. Und genau damit beginnt der Prozess der andauernden Beobachtung:

Wer ist sie oder er? Wer wird sie werden? Wie wird er sein? Wird sie ein zärtlicher Mensch? Lacht er gern? Wird sie an Gott glauben? Wird er mal Kinder haben wollen? Wird sie wohl heiraten? Und neben all den großen Fragen gibt es die vielen alltäglichen, wie zum Beispiel: Wie trinkt mein neugeborenes Kind? Wann und wie lange ist es wach? Wann weint mein Baby? Schläft es ruhig und tief? Wie lang schläft es, bis der nächste Hunger kommt? Sie sind unzählbar. Langsam und stetig werden Sie eine nach der anderen durch Ihre Beobachtung beantworten können. Letztlich dauert dieser Prozess Jahre. Und auch ein fast erwachsenes Kind wird uns immer wieder über ein uns noch unbekanntes Verhalten in Staunen versetzen.

Vielleicht ist Ihr astrologisches Interesse so groß, dass Sie feststellen konnten, wie wenig sich Kinder desselben Sternbildes gleichen. Ganz sicher haben sie alle ein ähnliches Feuer im Blick oder teilen gewisse Vorlieben.

Möglicherweise besteht eine Ähnlichkeit in Haltung und Gang oder die Leidenschaft für ganz bestimmte Spiele fällt in den Blick. Das ist aber bei weitem nicht genug an Ähnlichkeiten, um daraus das gemeinsame Sternzeichen erkennen zu können.

Ein Grund dafür ist natürlich die Komplexität des gesamten Horoskops. Wie wenig aussagekräftig ist da ein einziger Stern! Selbst wenn es sich um die Sonne handelt. Und wie unterschiedlich hat jedes Kind diese verschiedenen Symbole des Horoskops über den Kreis verteilt! Genau so verschieden wie ein Kind von jedem anderen ist. Dennoch ist die Aussagekraft des Sonnenzeichens groß genug, um Ihnen eine ganze Menge über Ihr Kind erzählen zu können.

Ein anderer Grund ergibt sich aus den Einflüssen, die von den anderen Planeten auf die Sonne des Kindes ausgeübt werden. Jeder Planet vertritt ein bestimmtes Thema. Und je nach Standort im Horoskop macht er das mal mit Nachdruck und mal ganz zart. Manchmal wird dabei die Stärke eines Sonnenzeichens unterstützt, ein anderes Mal vielleicht diszipliniert oder sogar gehemmt.

Ein weiterer Grund ist der Standort der Sonne. Das Horoskop ist die Darstellung des Himmels im Augenblick einer Geburt oder eines anderen besonderen Momentes. Die 360 Grad des Kreises beschreiben den Himmel, der sich um uns herum erstreckt. So, als würde das kleine Wesen auf unserem Arm dort in der Mitte liegen und dabei betrachten können, wie am östlichen Horizont die Sonne aufgeht, beobachten, wie sie über den Zenit läuft, um dann gegen Abend am westlichen Horizont unterzugehen. Genau so, wie sie sich unter jenem Kind über den Mitternachtspunkt wieder zum östlichen Horizont bewegt, wo sie gegen Morgen aufgeht. Der Standort, den die Sonne zum Zeitpunkt der Geburt einnimmt, ist sehr bestimmend für das Verhalten des Menschen. Je nach dem geographischen Ort der Geburt, ergibt sich eine Einteilung des Horoskops nach Abschnitten, den so genannten Häusern. Die Besonderheit, die Kraft und den persönlichen Charakter erhält die Sonne durch das Haus, in dem sie steht. Das Tierkreiszeichen gibt dann so etwas wie die Farbe und den Stil hinzu. Dadurch entsteht vollkommen unabhängig von jedem Sternzeichen eine wichtige Deutungsebene im Horoskop. Und das nur durch den Standort der Sonne auf den 360 Graden des Kreises, der dem Zeitpunkt der Geburt innerhalb der 24 Stunden des Tages entspricht.

So wird verständlich, weshalb Kinder desselben Sternzeichens, die zu verschiedenen Tageszeiten geboren wurden, auch auf vollkommen unterschiedliche Art und Weise die Eigenschaften ihres Tierkreiszeichens ausleben.

Betrachten wir das genauer:

Mit der aufgehenden Sonne betritt ein zart und eher verträumt wirkendes Wesen die Welt. Hier geht es darum, das Offensichtliche genauer zu betrachten, die Hintergründe mit vielerlei Fragen zu erfassen. Die ganz eigene Wahrheit zu entdecken und mit der Realität zu vereinbaren.

Wenig später ist der Anspruch groß, die Welt der Gefühle und alles Subjektive in Frage zu stellen. Dafür ist es notwendig, genügend Übersicht zu erlangen, um gerecht und objektiv denken und handeln zu können. Beobachtung ist das Werkzeug dieses Kindes und dazu nimmt es sich viel Zeit.

Gegen Mittag erwachen jene Menschen ins Leben, denen es außerordentlich wichtig ist, die Dinge sichtbar machen zu können. Dazu sind sie bereit ihre ganze Kraft mit großer Disziplin einzubringen. Hier wird nicht „nur" wahrgenommen, wie wunderbar Farbe auf dem Papier zusammenfließt, denn hier soll ein Bild fertig gestellt werden.

Hat die Sonne ihren höchsten Punkt überschritten begegnen wir den kleinen Weltreisenden, die so lange Fragen stellen, bis sie glauben, all das zu wissen, was sie brauchen, um ganz zu sein. Sie suchen ihren Glauben, ihre Anschauung und begeben sich in genau das Milieu, das dazu recht erscheint.

Am Nachmittag erblicken all jene Kinder das Licht der Welt, die ihr Interesse auf das Entstehen, Erleben und Strukturieren von Beziehungen richten. Sie befassen sich mit dem Phänomen der Bindung. Tauchen ein in diese Welt und finden sich in den Spiegeln aller Zwischenmenschlichkeiten wieder.

Zum Sonnenuntergang hin erwachen die begegnungsfreudigen Wesen ins Leben. Sie baden in den Bildern der Phantasie ebenso gerne wie in den verschiedenen Stimmungen, die sie unter den Menschen finden. Sie lieben die Harmonie und die Offenheit. Beides tragen sie freudig in die Welt.

Der Abend gehört jenen Kindern, die sich als genaue Beobachter entpuppen. Die Bedingungen des Lebens sind ihnen bald vertraut, denn ihr Verstand ist analytisch und ihre Grenzen loten sie immer wieder von neuem aus.

Etwas später sind es die kleinen und großen Künstler, die sich zum Spielen und voller Lebensfreude kraftvoll auf die Welt begeben. Es ist ihnen ein Vergnügen sich und die anderen zu erleben. Dabei fehlt es meist weder an Kraft noch an Würde.

Bis hin zur Mitternacht sind dann die gefühlvollen, manchmal fast zart erscheinenden Wesen dran, die immer auf der Suche nach den eigenen Empfindungen spüren wollen, was da von außen hereinkommt, berührt und mal bereichert, mal verstört.

In der tiefen Nacht werden die Schmetterlinge geboren. Jene Kinder, die plaudern und spielen. Sie stellen dar und verkleiden sich. Oder sie sind bewegungsfreudig und sportlich. Es geht ihnen darum, etwas zu tun und ganz und gar bei der Sache zu sein.

Noch später werden Kinder geboren, die ein großes Schutzbedürfnis haben. Sie suchen die Sicherheit und leben danach. Sie haben ein deutliches Verhältnis zu Besitz, den sie zu hüten verstehen. Und den Genüssen des Lebens gegenüber sind sie selten abgeneigt.

Gegen Morgen erwachen die feurigen Naturen in die Welt. Sie sind bestückt mit großem Willen und Durchsetzungskraft. Ungebremst und voller Tatendrang stürzen sie sich noch vollkommen ungerichtet ans Werk, das Leben, sich selbst und die anderen zu finden.

Nun ist der Kreis geschlossen. Hier beginnt die Entdeckungsreise durch das Sternzeichen Ihres Kindes, bei der ich Ihnen viel Vergnügen wünsche.

Das Wassermannkind

Keinem Kind kann man wirklich an den Augen ablesen, in welchem Sternzeichen es geboren wurde. Gelegentlich leuchtet vielleicht die Intention des Sonnenzeichens verschmitzt oder ernst aus einem der Augenwinkel. Manchmal überschattet vom Schalk, der im Nacken sitzt. Ein anderes Mal von einer Träne, die im Knopfloch schimmert. Trotz allen möglichen widrigen Umständen wird ein Widder einem vielleicht sehr viel direkter als manch anderer in die Augen schauen. Ein Skorpion möglicherweise durchdringender, bohrender, suchender. Ein Fisch gelegentlich ganz verträumt und voll ungreifbarer liebevoller Hingabe, die er allerdings im nächsten Augenblick wieder zurücknehmen mag, um in seinen seelischen Meerestiefen zu verschwinden. Und ein Wassermann?

Ein Wassermann beobachtet. Sein Auftritt besteht aus lässiger Spannung. Sein Geist ist immer wach, selbst wenn er über Teppichecken stolpert. Seine Gedanken sind andauernd mit etwas beschäftigt. Seine Worte wird er benutzen um sein Gegenüber aus der Reserve zu locken. Er ist eigentlich immer provokant. Und sein Blick wird einfach nur beobachten. Er hat dabei weder die Neugier des Schützegeborenen, noch die analytischen Interessen, die eine Jungfrausonne vertritt. Sein Interesse gilt der Vielfalt der Möglichkeiten. Eigentlich betrachtet er. Zwar unverhohlen, aber wertfrei. Ein Wassermann klagt im Grunde seines Herzens nicht an oder verurteilt. Allerdings ist es wenigen Menschen so wichtig wie dem Wassermann, sich abzugrenzen.

Wassermannsonnen, egal ob es sich um Frauen oder um Männer handelt, sind einfach anders. Wollen auch so erkannt und verstanden werden. Und tun sehr viel dafür, diesen Status zu erhalten. Dabei ist es für Januargeborene keine Frage, wer besser oder schlechter, schöner oder hässlicher, klüger oder dümmer ist. Er will nur nicht in der Menge verschwinden oder mit Eigenschaften und Gemeinsamkeiten verschmelzen, die nichts oder nur wenig mit ihm zu tun haben.

Vielleicht ist sogar eine der Sorgen, die einen Wassermann grübeln lassen können, der Verlust der Übersicht. Und um sich dieser Gefahr gar nicht erst auszusetzen, wird er zu allen Dingen des Lebens, zu allen Menschen und zu vielen Situationen immer wieder Distanz herstellen, um beobachten zu können.

Das macht ihn zu einem Spezialisten auf dem Gebiet der Gerechtigkeit, denn keiner kennt wie er beide Seiten der Medaille.

Übrigens sind nicht nur seine Augen ein wichtiges Instrument zur Beobachtung des Weltgeschehens. Wassermänner nutzen alle Sinne, um dies zu tun. Sie lauschen. Mit den Ohren. Mit der Haut. Vielleicht sogar mit der Nase.

Nicht selten wird Ihr kleines Wassermann-kind bei dem Versuch einzuschlafen, all die unterschiedlichen Töne, die von draußen hereindrängen, identifizieren und darüber berichten. Es wird wahrnehmen, wie eine Schranke mit Geläut heruntergelassen wird. Wie alle möglichen Fahrzeuge, die Ihr Kind bis dahin kennt, warten müssen, da ein Zug kommen wird. Vielleicht ein anderer das Dorf verlassen soll. Woraufhin sich die Schranke mit einer anderen Tonfolge wieder öffnen wird. Auch die Vögel werden in dieser Zeit immer stille, denn sie wollen schlafen, wie Ihr Wassermannmädchen. Da ruft noch eine Amsel, schlägt ein Fink, zwitschert ein Star. Und irgendwo läutet eine Kirchturmuhr. Es wird dauern, bis Ruhe in das kleine Wesen einkehrt. Und Stille in ein abendliches Haus, das von einem Wassermann erobert wurde.

Deshalb sind Wassermänner gelegentlich anfällig für Nervosität und die daraus folgenden Erscheinungen. Entspannung und ein möglichst ausgeglichener und rhythmischer Ablauf wirken oft Wunder, wenn ein Wassermannseelchen aus dem Lot geraten ist.

Geht es einem Wassermann jedoch gut, so wird er Ihre Welt vollkommen neu sortieren. Ihr Innerstes wird sich nach außen wenden. Ihr Sinn für Gerechtigkeit wird erwachen, denn andauernd gibt es verschiedene Betrachtungsweisen. Eine jede wird Ihnen erzählt und versetzt Sie mehr und mehr ins Staunen. Nicht zuletzt über die vielen Gedanken, die sich so ein kleiner Mensch schon machen kann.

Mit der Sonne durch den Tag

Mit den ersten Strahlen der Sonne kommt ein Kind auf die Welt, das gleichsam noch in der Welt der Empfindungen verfangen ist, sich aber schon der liebsten Beschäftigung des Wassermannes, nämlich dem Beobachten, zuwendet. Das schließt sich in dieser Phase des Lebens noch nicht aus und muss sich noch nicht einmal ergänzen. So wird dieses kleine Wesen viel Zeit damit verbringen alles wahrzunehmen. Von außen und von innen. Bald kann es dann erkennen, was sich wie anfühlt, wenn es so aussieht, wie es ist. Dieses fast selbstverständliche Spiel wird seine Sinne schärfen und sein Bewusstsein wecken. Hier liegt dann später die eigentliche Herausforderung für diesen Wassermann. Denn seine gefundenen Wahrnehmungen und Beobachtungen werden zu Standpunkten führen, die er manchmal mit viel Witz und Ideenreichtum in die Welt tragen wird.

Am späteren Morgen werden Wassermannwesen geboren, die meist mit viel Energie und Power die Themen des Lebens angehen. Ihre Fähigkeit, sich selbst und die anderen mit einer gewissen Distanz zu betrachten, führt dazu, dass sie nicht immer nach Lust und Laune durchsetzen, zu was die Welt der Bedürfnisse und Gefühle sie drängt. Sie werden mit der Zeit lernen, den Impuls, etwas in dem Augenblick zu tun, in dem sie sich gerade befinden, für einige Momente zu bewahren. Um die Zeit zu gewinnen, die sie brauchen um zu erkennen, was sie bewirken. Manchmal mag das lange dauern und ein anderes Mal geht es schneller. Mal ist der Überschwang so groß, dass man etwas nachträglich revidieren muss, was schon in Gang gesetzt wurde. Und dann gibt es Situationen, in denen man erst recht Gas gibt um voranzutreiben, was einem am Herzen liegt. Wichtig wird es diesen Wassermannwesen jedoch immer bleiben, die Impulse, die sie selber in sich so stark wahrnehmen, weiterzugeben und wohl bedachte Dinge damit in Bewegung zu setzen.

Gegen Mittag werden Wassermannkinder geboren, deren Anliegen es ist, das sichtbar zu machen, was ihnen am Herzen liegt. Das können die kleinsten Gefühle sein, die in der Art des Wassermannes möglichst frei von behindernden Vorstellungen geäußert werden müssen. Oder ebenso wichtig wie drängend, ein kreatives Empfinden, das zur Darstellung gebracht werden soll. Eine der Hürden, die diese Menschen nehmen müssen, ist die Beweglichkeit. Sie müssen sich immer wieder aus Situationen befreien dürfen und können, in denen sie ihr Empfinden nicht mehr zum Ausdruck bringen können. Dadurch wirken sie manchmal allzu distanziert, was gar nicht ihr Wunsch ist. Vielmehr suchen sie Kontakt, Austausch und einen fruchtbaren Boden, der sich über die immer neu keimenden Saaten in ihnen freut.

Nachdem die Sonne ihren höchsten Stand erreicht hat, werden Kinder geboren, die sich in der Welt, in die sie hineingeboren werden, sehr genau umsehen. Die vielen Konzepte und Vorstellungen, die ihnen im Laufe der Zeit begegnen, werden sehr genau studiert. Und einem langen, kühlen Blick unterzogen, der nichts anderes will als ein wenig Objektivität zu verbreiten. Das Mittel zum Zweck dieser Wassermannmenschen ist oft die bildende Kunst. Vielleicht auch eine Begabung, irgendwelche sozialen, politischen oder religiösen Zustände satirisch aufzuarbeiten. Manchmal wagen diese Wassermänner den Sprung in die Öffentlichkeit. Andere bewahren sich ihre scharfe Zunge, den klaren Blick und die spitze Feder für ihr persönliches Vergnügen und das ihrer Nächsten.

Am Nachmittag erblicken Kinder das Licht der Welt, die mit viel Ideenreichtum, Witz und Freude die ernsthaften Bindungen im Leben eingehen. Mit den Jahren wird es ihnen immer mehr gelingen das Wesen von Beziehungen zu erforschen und im zwischenmenschlichen Leben für jede Menge Gegenwärtigkeit und wachen Geist zu sorgen. Ihr

Bedürfnis, die Dinge in der Gegenwart sichtbar werden zu lassen, macht sie zu wahren Künstlern mit viel Sinn für all die Überraschungen, die das Leben bereit hält. Manchmal erscheinen sie sprunghaft und gelegentlich sogar untreu. Letztendlich sind sie weder das eine noch das andere. Sie fließen nur mit dem Strom der Zeit. Oft geht das schneller, als all den anderen in ihrer Nähe überhaupt bewusst werden kann.

Zum Sonnenuntergang hin werden Wassermannkinder geboren, die ihre sprühende Phantasie in die Gegenwart tragen. Sie verbringen viel Zeit damit, all die große Vielfalt, die ihnen begegnet, zu beobachten. Sie nutzen die daraus gewonnenen Informationen, um ihre kreativen Ideen und Gedanken ganz unmittelbar zu äußern.

Manchmal können sie sprachlich ganz erstaunlich talentiert sein und jede Menge Wortwitz, Schärfe oder rhetorisch gut formulierte Standpunkte zum Besten geben. Andere stellen etwas ganz anderes dar. Werden bildnerisch tätig, um ihren Eindrücken Ausdruck zu verleihen, oder versuchen einfach mit möglichst viel Objektivität zu ganz persönlicher Gerechtigkeit zu finden.

Nachdem die Sonne untergegangen ist werden Wassermannkinder geboren, deren Bedürfnis die Bedingungen des Lebens wahrzunehmen und zu erkennen so stark ist, dass sie zu wahren Analytikern werden. Ihre Beobachtungsgabe wird zu einem Instrument perfektioniert, mit dem sie das, was sie sehen, sofort einordnen können. Das gibt ihnen im Laufe der Zeit die Fähigkeit, Abläufe in ihrer Folgerichtigkeit schon im Voraus kombinieren zu können. Das kann sogar manchmal befremdlich wirken. Aber meist macht es sie zu verantwortungsvollen Therapeuten. Zu realistischen Dokumentatoren. Zu wachen und bewussten Menschen, die wissen, was der nächste Schritt sein muss, um zu erreichen, was man erreichen will.

Am späten Abend werden Wassermannkinder geboren, die voller Kraft und Mut in ihr Eigenleben starten. Sie sind neugierig auf alles, was ist, und auf das, was morgen sein kann. Ihre Freude an der Beobachtung dient ihnen in erster Linie dazu, schon sehr bald alles selber bewältigen zu können. Erstaunlicherweise gelingt das schneller, als manchen Eltern vielleicht sogar lieb ist, denn so wird dieses Kind von Tag zu Tag eigenständiger und selbstbewusster. Neben all der lebendigen Zuneigung, die jedes Kind braucht und natürlich auch von sich aus gerne selber äußert, wird dieser kleine Wassermann schnell seiner Wege gehen und sich seiner Individualität versichern. Mit Kreativität. Mit Power. Mit jeder Menge Lust auf das Leben und die vielen Abenteuer, die da draußen auf sie oder ihn warten.

In der Zeit vor Mitternacht kommen Kinder zur Welt, denen das Leben in der Familie sehr wichtig ist. Hier ist ihr Hafen, von dem aus sie die große weite Welt erobern können. An diesem Ort finden sie Sicherheit, Ordnung und, was den Wassermannwesen besonders am Herzen liegt, seelische Eigenständigkeit. Dazu werden vielleicht diverse Auseinandersetzungen durchkämpft und mancher Konflikt muss immer wieder angegangen werden. Reibungen müssen hier ausgetragen werden, da sie dazu führen, dass dieses Kind stark wird und seinen Platz in der Welt findet. Hat es den erst einmal, wird hier ein ausdrucksstarkes und schöpferisches Menschenkind seiner Kreativität und empfindungsreichen Vielfalt freien Lauf lassen.

In den langen Stunden nach Mitternacht werden Wassermannkinder geboren, deren Geist weit fliegt und deren Denken schnell und geschickt die Dinge des Lebens erfasst. Kombinierendes Denken und eine fließende Sprache sind nicht selten. Vor allem aber wird ein Wassermann, der um diese nächtliche Stunde geboren ist, ein witziger und spontaner Darsteller. Vielleicht nur aus Spaß an dem Spiel. Vielleicht auch um ein wenig den Kasper zu mimen. Aber oft ist es diesen Menschen ein wirkliches Bedürfnis, ihre schöpferischen Kräfte im darstellerischen Bereich wirken zu lassen. Anderen liegt es weniger, in irgendeinem Rampenlicht betrachtet zu werden. Sie verlegen ihre kreativen Kräfte deshalb lieber in einen Bereich, der ihnen erlaubt, technische oder physikalische Vorgänge nachzuvollziehen. Hier finden sich auch die Bastler, mancher Erfinder und ganz sicher der eine oder andere Computernarr, der sich die tollsten Möglichkeiten mit den geringsten Mitteln zusammenstellt.

In den stillsten Stunden der Nacht werden Menschen geboren, die voller neuer Ideen fast zu kleinen Revoluzzern werden. Ihr wassermännisches Temperament lässt sie die Welt, in der sie leben, reformieren. Anfangs mögen das die kleinen Ordnungen sein, die erst einmal aufgehoben werden, um dann einen völlig neuen Anstrich zu bekommen. Kurz darauf wird natürlich die ganze Familie umgekrempelt. Manchmal unmerklich, gelegentlich mit viel Power. Und später, wenn der kleine Wassermann größer geworden ist, krempelt er sein gesamtes soziales Umfeld um. Seine Beobachtungsgabe lässt ihn ohne Schwierigkeiten Schwachstellen in diversen Abläufen erkennen. Seine provokante Art wird es ihm leicht machen, das zu äußern, was er für richtig hält. Und die schöpferische Ader des Wassermannes lässt ihn genug kreative Ideen haben, um Neues zu gestalten.

In den Stunden ehe der Morgen graut werden Wassermannkinder geboren, die als kleine Energiebündel in die Welt purzeln. Waren die in den Stunden zuvor Geborenen Revolutionäre und Reformatoren im Geiste, so finden wir hier die ausführende Instanz. Sie sind nicht nur voll der wegbereitenden Ideen und bereit, für diese Ideen alles auf den Kopf zu stellen. Diese Wassermannfrauen und -männer werden kaum aufzuhalten sein, das zu tun, wonach ihnen zu Mute ist. Nicht alle werden Erfinder oder bahnen die Wege der technischen Revolution in bürokratischen Abläufen oder erwerben Patente auf irgendwelche unglaublichen Neuerungen. Aber ganz sicher werden diese Wassermanngeborenen frischen Wind in die Welt bringen, in die sie hineingeboren wurden.

Für Leon,
den Löwen unter den Wassermännern

Wenn Wassermänner groß werden

Wenige Menschen sind so schnell im Geist, wie es Ihr Wassermannkind sein kann, wenn es sich für etwas von ganzem Herzen interessiert. Natürlich sind alle Menschen, wenn sie mit Begeisterung an eine Sache gehen, schneller, als würden sie sich nicht so sehr interessieren. Aber Wassermannmenschen können dabei Erstaunliches leisten. Die ungeheuer genaue Art der Beobachtung, die ihnen auf den verschiedensten Ebenen in die Wiege gelegt wurde, erfasst Abläufe sehr präzise. Schon nach kurzer Zeit behauptet Ihr Wassermannmädchen, dass etwas doch gar nicht so schwer sein kann. Und versucht sich an Handgriffen, die wirklich nicht alltäglich sind. Nicht selten ist eines der ersten Worte, die über ihre Lippen purzeln, das Wort: Selber.

Selber machen, da man es selber kann, bedeutet diesen Menschen alles. Nichts ist so wichtig, wie die Eigenständigkeit. Kein Mensch braucht so viel Freiheit, wie ein betonter Wassermann. Jedes Detail seines Lebens ist davon geprägt.

Glauben Sie also ja nicht, dass Sie Ihrem Wassermannmädchen erzählen können, was es anziehen soll. Und wenn Ihre Autorität bis in Ihren Kleiderschrank und vor ihren Spiegel reicht, so können Sie sich darauf gefasst machen, dass Ihr Mädchen eines Tages mit grüner Stoppelmähne und zerschlissenen Kleidern in die Oper geht. Trotz und Widerstand sind eine große Stolperfalle für diese Menschen. Weil sie die Übersicht verlieren können, wenn sie sich allzu intensiv auf Konflikte einlassen. In der direkten, womöglich auch noch leidenschaftlichen Auseinandersetzung geht ihnen der rote Faden verloren, der ihnen den Weg ihres Herzens zeigt und den sie nur mit einer gewissen Distanz in den Händen behalten können. Schneller, als ihnen lieb ist, haben sie sich dann verwickelt und stolpern ohne Halt. Gelegentlich brauchen sie dann Hilfe um zu ihren wahren Werten und Zielen zurückkehren zu können.

So kommt es, dass Ihr Mädchen mit der beliebtesten und besten Freundin aller Mädchen liebäugelt und zu ihrer Clique gehören will, wenngleich sie ganz und gar nicht dazugehört. Aber sie will nicht anders sein als die anderen. Sie will nicht alleine sein oder irgendeine Position am Rande der Gemeinschaft einnehmen. Dafür vergisst sie dann schon mal, was sie gestern noch blöd fand und morgen wieder ablehnen wird. Das ist in den Zeiten der

Kindheit bis über die Pubertät eine manchmal quälende Herausforderung.

Eines Tages hat jedoch jeder Wassermann, ganz gleich, ob es ein weiblicher oder ein männlicher Vertreter dieser Spezies ist, begriffen, dass er gerne mit vielen Menschen in Kontakt tritt, sich austauscht, aber nirgendwo so richtig zu einer Clique oder einer Gruppe gehört. Vielleicht ab und zu daran teilhaben will, weil man nirgends besser beobachten kann. Vielleicht um gelegentlich die eine oder andere Provokation loswerden zu können. Oder schlicht der so wertvollen Abwechslung wegen.

Für manche unter Ihnen mag das oberflächlich und lieblos klingen, aber das ist es nicht. Man darf eben nie vergessen, welche Bedeutung die Freiheit für die Wassermänner hat. Auch darf man nicht davon ausgehen, dass Wassermannmenschen keine guten Freunde wären. Im Gegenteil. Durch den schnellen Verstand und ihre provokante Art können sie ausgesprochen humorvolle Helfer auf der Suche nach der eigenen Wahrheit werden. Vielleicht sind sie nicht die geduldigen Tröster, aber ganz sicher wunderbar vielfältige Berater. Da sie immer aus der Distanz alle Seiten eines Konfliktes betrachten, können sie Schlichter und Anwälte sein. Mediatoren, die mit ihren Ideen wieder Hoffnung in die Herzen ihrer Klienten zaubern können. Beobachtende Richter. Humorvolle Helfer. Oder einfach Narren, die die Enge und Aussichtslosigkeit einer verfahrenen Situation durch ihre geistreichen Einwürfe leichter werden lassen.

Oft sorgen dieses große geistige Potenzial und die vielen Gedanken, die verarbeitet werden müssen, dafür, dass Wassermänner körperlich faul wirken. Manchmal sind sie das auch gerne, obwohl es ihnen gar nicht gut tut. Animieren Sie Ihr Kind zu körperlichen Aktivitäten. Vielleicht findet sich ein Sport, der nicht zu viel Vereinsleben fordert, Gemeinsamkeiten fördert und Ihr Wassermannkind auch noch geistig weiterbringt. Es gibt nicht wenige Fechter, Leichtathleten oder Reiter unter ihnen. Auch die Konzentration, die ein Turmspringer braucht oder der Skifahrer auf seine Beine richten muss, könnten Faszination ausüben. Hauptsache ist, dass Ihr Sprössling sich bewegt oder wenigstens Luft tankt. Denn nichts lähmt den wachen Geist eines Wassermannes mehr als Trägheit.

Natürlich sind nicht alle Wassermannmenschen gleich. Daher finden sich sportliche und bewegliche Kinder ebenso unter ihnen wie jene, die es vorziehen einen sonnigen Nachmittag vor dem Fernseher zu verbringen. Die Neigung, sich eher den ruhigen Beschäftigungen, wie etwa Bücher lesen oder dem Malen hinzugeben ist groß. Ist Ihr Wassermannkind mit sich und der Welt im Reinen, gibt es selten so ausgeglichene, aufmerksame und gleichzeitig kreative Geister, die eine ganze Gesellschaft mit ihrem Witz und ihren unaufhaltsamen Kommentaren unterhalten können.

Ihr Wassermannmädchen wird Sie ständig beobachten und mit ihrer ungeheuer scharfen Beobachtungsgabe alles aufnehmen, was sie sieht. Wundern Sie sich also nicht, wenn sie im Alter von drei Jahren schon das Nudelwasser aufsetzt, Kartoffeln schält oder den Staubsaugerbeutel wechselt. Genauso wird sie garantiert nach Säge, Hammer und Nagel greifen, wenn ihr Schaukelpferd wackelt. Oder Ihnen dabei helfen wollen, den Gartentisch zu lackieren. Kein weibliches Wesen verlangt mit so viel Nachdruck nach Selbstständigkeit.

Geduld ist dabei nicht die größte Tugend. Deshalb wird sie diverse Male mit blauen Flecken und anderen kleineren Blessuren heimkehren. Aber all das dient nun mal der Unabhängigkeit.

Dafür muss ein Mädchen viel lernen. Und das tut sie mit Vergnügen. Vielleicht nicht unbedingt das, was gerade in Algebra oder Latein erwünscht wäre. Dafür kann sie vielleicht mit zwölf Jahren schon Portraits malen oder Gartenteiche anlegen. Möglicherweise gibt es hier und da mal schulische Stolperfallen, aber machen Sie sich nicht allzu viel Sorgen. Der Wunsch frei, zu sein, beinhaltet auch Geld zu verdienen, um die Freiheit auf die Art und an dem Ort zu genießen, den man sich von ganzem Herzen wünscht. Dazu muss man nun mal einen Beruf erlernen. Das wiederum braucht eine gewisse Leistung in der Schule. Ihr Wassermannkind weiß das und wird arbeiten. Genug jedenfalls, um jedes Jahr zu bestehen und die anderen zwölf oder dreizehn ebenso. Sollte das nicht funktionieren, dann macht Ihr Mädchen eben etwas anderes. Lernt ein Instrument zu spielen und gibt Konzerte. Tanzt sich in die Herzen irgendeines Publikums. Segelt in der Profiliga. Oder gibt Reitunterricht.

Selbst dann, wenn der Beruf einer Wassermannfrau eher gewöhnlich zu sein scheint, wird Ihr Wassermannkind etwas Ungewöhnliches daraus machen. Alles andere macht jeder und ist langweilig. Sie will eine Herausforderung. Und es kann schon vorkommen, dass sie mehrere braucht. Vielleicht erfüllt sie eine nach der anderen. Vielleicht auch sieben gleichzeitig. Leben ist nun mal ein Abenteuer. Und nichts ist lebendiger und schöner als sich in ein Abenteuer zu stürzen.

Ihre größte Herausforderung ist wohl das Familienleben. Verlieben wird sie sich andauernd. Sie ist das Gestalt gewordene Verliebtsein schlechthin. Dabei sehnt sie sich nicht unbedingt andauernd nach verschiedenen Männern. Sie liebt die Liebe und all die wunderbar aufregenden Momente, die damit erlebbar werden. Doch irgendwann weiß auch eine Wassermannfrau, dass es so weit ist. Der Ring schmerzt sie am Finger, aber sie spürt eben auch wie all die anderen Frauen, dass es Zeit wird, eine Familie zu gründen und Kinder zu bekommen.

Sie wird eine liebevolle und gute Mutter. Ihr Herz ist verspielt. Ihr Geist ist immer jung. Aber ihr Blick wird immer hinüber schielen zu all den verpassten Möglichkeiten. Ihre Sehnsucht erwacht jeden Morgen mit ihr. Und hoffen Sie mit Ihrem Mädchen, dass sie einen Mann gefunden hat, der genau diese Unabhängigkeit an ihr liebt.

Tut er das nicht, schwebt er über kurz oder lang in der Gefahr verlassen zu werden. Wassermannfrauen wollen arbeiten, um unabhängig zu sein, und in der Welt etwas bewirken oder wenigstens teilhaben am Leben da draußen. Ihr wacher und flinker Geist stellt eigentlich immer eine Bereicherung für die Menschen ihrer Umgebung dar. Auch oder vor allem dann, wenn man sich an ihnen reiben muss, weil sie anders sind.

Mit Ihrem Wassermannjungen wird es sich nicht allzu viel anders verhalten. Seine Lenkbarkeit beschränkt sich auf einen kleinen Rest an Benimmregeln in der Öffentlichkeit. Aber selbst die werden mit den Jahren von seiner provokativen Seite über den Haufen gestoßen. Natürlich hat er sich dennoch alles von Ihnen abgeguckt, was er braucht, um in der Welt bestehen zu können. Er wird Sie auch nicht unbedingt brüskieren oder vor den Kopf schlagen. Aber täglich mehrfach verblüffen.

Mit der Gelassenheit, die er trotz schlechtester Noten zu Tage trägt. Mit der Geschwindigkeit, mit der er den nötigen Lernstoff gut genug erlernt um die schlechten Noten wieder auszubügeln. Mit dem Mut, den er zeigt, wenn er den unfreundlichen Muffigkeiten seines Lehrherren entgegnet, dass er ungehobelt und eine Zumutung sei und er nicht einsehe, sich weiterhin ausnutzen zu lassen. Weil er wirklich die Absicht habe etwas zu lernen. Und schließlich, wenn er tatsächlich von dort weggeht. Allerdings nicht, ohne vorher eine neue Lehrstelle gefunden zu haben.

Seine Laufbahn wird Sie diverse graue Haare kosten. Eines Tages können Sie jedoch rückblickend nicht von der Hand weisen, dass er sein Ding mit erstaunlicher

Power durchgezogen hat. Er hat nicht nur seinen Weg gefunden, er hat alle möglichen zusätzlichen Qualifikationen erlangt, die ihm besondere Möglichkeiten eröffnen. Sollte es ihm tatsächlich nicht gelingen, seinen Traum so zu leben, dass er damit seinen Lebensunterhalt verdienen kann, so wird er ihn wenigstens in seiner Freizeit leben. Dann wartet am Wochenende sein Segelflugzeug auf ihn. Oder er klettert durch die Eiswände des Himalaya. Vielleicht baut er Tipis mit einer Gruppe eingefleischter Trapper. Oder er wartet auf das nächste Gewitter, um den Sturm für eine kühne Surfpartie über einen der Voralpenseen zu nutzen.

Irgendwann wird sich Ihr Wassermannsohn verlieben. Nein. Nicht so wie sonst. Ich meine richtig verlieben. Und auch hier werden Sie staunen. Wassermänner suchen nicht unbedingt Glamourgirls und Laufstegschönheiten. Sie brauchen keine Zirkusakrobatinnen, die von Ort zu Ort ziehen. Auch suchen sie erstaunlicherweise kein Abenteuer. Sie heiraten das kleine Mädchen mit den blonden Zöpfen, das in der Volksschule neben ihnen saß. Er macht seiner Sekretärin einen Antrag, die schon seit Jahren das gesamte Büro für ihn wie ihren Augapfel hütet.

Sie suchen einen Hafen, der ihre eigenen Stürme abfängt und zu dem sie immer wieder zurückkehren können von ihren Beobachtungsflügen durch die Welt der Gedanken, Gefühle und Empfindungen.

Ihr Antrag wird klein und leise sein. Fast nebenher. Und seine Ernsthaftigkeit wird alle rühren. Wenn Sie Glück haben, werden Sie zur Hochzeit eingeladen. Möglicherweise erfahren Sie per Postkarte von seinem Entschluss und dessen Umsetzung.

Nehmen Sie es nicht allzu tragisch. Er liebt Sie. Sie waren jahrelang der Hafen seines Lebens. Und werden es garantiert immer wieder sein, sollte die Sache mit dem Mädchen mit den blonden Zöpfen doch nicht so funktionieren, wie er es gehofft hat.

Wassermannväter lieben ihre Kinder sehr. Die Welt des Spiels erschließt sich ihnen allerdings nicht unbedingt. Manchmal sind die Empfindungen, die so selbstverständlich aus dem Nichts während eines Phantasiekampfes entstehen, zu heftig für das Wassermanngemüt. Andere Väter dieser Spezies können sich wunderbar darauf einlassen und das Spiel bereichern. Genauso wird es Ihrem Sprössling gehen, wenn er seine eigenen Kinder durch die Wirren der Pubertät begleiten muss. Mal verständnisvoll und dann wieder kopfschüttelnd.

Also lasse man dem Wassermann seine geliebte Distanz. Ganz sicher kommt er dann gerne nah, um von all den wunderbaren Dingen zu berichten, die er überall gesehen hat.

Was Wassermännern gut tut

Das Mineral, das den Wassermannmenschen wohl tut, ist hier kein Stein, sondern das Silber, das der Farbe des winterlichen Himmels entspricht und sie zum Leuchten bringt.

Die Farben des Wassermannes sind das leuchtende Orange, das man oft zu seiner Jahreszeit bei Sonnenuntergängen sieht und das silberne Grau einer Winterlandschaft.

Unter den Pflanzen finde ich die hohen Bäume entsprechend, die mit ihrer Höhe den weiten Blick ermöglichen. Die Indianer Nordamerikas ordnen dem Wassermann die Zitterpappel zu.

Sandkastenspiele

Es wird nicht lange dauern, bis Sie merken, wie wichtig soziale Kontakte für Ihr Kind werden. Nicht nur das Revier vergrößert sich. Und damit die Welt, die Ihr Liebling erobert. Es liegt von Anfang an etwas Besonderes im Blick und in der Haltung der Kleinen, wenn sie sich irgendwo begegnen und die ersten Fäden knüpfen, die dann später zu Beziehungen werden. So, als wäre eben klar, wie bedeutungsvoll dieses gleich große kleine Gegenüber ist.

Die Astrologie hat viele Möglichkeiten, um die Welt der Begegnung zu betrachten. Natürlich benötigt man zwei Horoskope für eine Beziehungsanalyse, bei der man nicht nur erkennen kann, was zwei Menschen zueinander zieht, sondern auch wie und warum sie sich austauschen wollen.

Bei der Betrachtung der Sonnenzeichen kann man zwar nicht besonders deutlich hinsehen, jedoch im Verhalten der jeweiligen Tierkreiszeichen verbindende, ähnliche, anziehende oder ergänzende Faktoren benennen. Natürlich nur im Verhalten und ohne die Maßgabe, dass nun jeder Fisch mit einem Widder schlechter harmonieren müsste als mit einem Schützen. Ebenso wenig muss nun jeder Stier jeden Krebs besser beschützen als ein Löwe.

Es gibt auch schon im Sandkasten spannungsreiche Beziehungen, die ungeheuer fruchtbar und erfreulich für beide Seiten verlaufen. Aber auch solche, die vor lauter Gleichklang und Harmonie irgendwann in der Langeweile verebben. Und natürlich auch die Form der ersten Begegnung, die entscheidet, dass man sich für den Rest des Lebens besser aus dem Weg gehen sollte.

Grundsätzlich verstehen sich die jeweiligen Sonnenzeichen eines Elementes immer ganz gut. Weiß man das Ascendentenzeichen, so wird auch diese Mischung schon wieder komplexer. Also betrachten wir die Verhaltensebene und damit die verschiedenen Sonnenzeichen.

Widder und Widder

Hier treffen zwei durchsetzungsstarke Naturen aufeinander. Ziehen sie an einem Strang, dann müssen sich alle ducken, denn dann ist viel geboten. Disharmonische Begegnungen unter zwei Widdern werden wohl meist dazu führen, dass wenigstens eine Hose geflickt werden muss.

Widder und Stier

Nicht immer wird der Stier die Geduld aufbringen, des Widders aufbrausendes Temperament zu ertragen. Manchmal wird er ihn staunend betrachten und sich abwenden. Hat er jedoch genügend Langmut, so wird er den langen Atem haben die wilden Widderphantasien in die Tat umzusetzen.

Widder und Zwilling

Das Feuer des Widders mag so manchen Zwillingsgeist zu wunderbaren Dingen beflügeln. Die anderen werden auf ihrem Weg in Gedanken nicht einmal wahrnehmen, dass es irgendwo brennt.

Widder und Krebs

Hat der Widder die zarte Seele des Krebses begriffen, so wird er behutsam seine Glut verstreuen, ohne sein Gegenüber zu verletzen. Ist er zu stürmisch, wird der Krebs die Flucht ergreifen.

Widder und Löwe

Der Widder prescht voran und wirbelt seine Ideen auf den Tisch, die dann von einem Löwen kreativ gestaltet werden. Eine erfreuliche Begegnung, wenn sich beide auch sonst ergänzen.

Widder und Jungfrau

Des Widders ungestümes Temperament trifft auf einen skeptischen Blick. Manchmal mit dem liebevollen Lächeln eines Freundes. Und manchmal mit Unverständnis für so viel heißes Blut.

Widder und Waage

Auch hier muss der Widder seine Glut sehr umsichtig verteilen, um nicht bei der begegnungsfreudigen und auch offenen Waage die Türen zu verschließen. Letztendlich wäre es der Widder, der dann nicht mehr hinein käme.

Widder und Skorpion

Hier trifft Glut auf Leidenschaft. Hier kann sich alles entzünden: Liebe, Hass, Spiel und Streit. Grenzenloses Vertrauen. Und blinde Ablehnung. Ein großes Potenzial für alles und für nichts

Widder und Schütze

Der lachende Schütze wird viel Spaß mit dem hitzigen Widder haben. Und der immer wache Widder wird viel Spaß mit dem interessierten Schützen haben. Zwei, die sich verstehen können, wenn sie wollen.

Widder und Steinbock

Wenn es dem Steinbock zu temperamentvoll wird, könnte er versuchen den Widder zu erziehen. Manchmal mag das gelingen. Meist wird es eher zu einer Auseinandersetzung führen. Gelegentlich ist das dann fruchtbar oder eine der Hosen ist wieder fällig, genäht zu werden.

Widder und Wassermann

Hier beflügelt der Geist des beobachtenden Wassermannes die Phantasie des Widders. Oder der Widder belebt die Träume des Wassermannes. Oder keiner sieht keinen.

Widder und Fisch

Hier zischt es gewaltig. Vielleicht ist tatsächlich eine Beziehung voll leidenschaftlicher Phantasie und mit vielen lebendig gewordenen Träumen möglich. Dazu gehört Mut und Lust, die ungeheuren Unterschiede als Bereicherung zu erkennen und nicht als Hindernisse zu betrachten.

Stier und Stier

Bestimmt eine Verbindung, die ihr genüssliches Tempo finden kann. Gemeinsame Sandburgen werden groß und stabil. Nur muss klar bleiben, wem die Schaufeln gehören und wem die Eimer.

Stier und Zwilling

Der bewegliche Zwilling wird das staubige Gemäuer des Stieres licht und luftig halten und seinen Geist in Schwung bringen. Während der Stier den Zwilling erden kann.

Stier und Krebs

Hier finden sich zwei, die sich mit dem Sinn fürs Gemütliche treffen und keine Gelegenheit auslassen werden, dem nachzugehen.

Stier und Löwe

Schafft der Löwe in den Augen des Stieres etwas Sinnvolles, so wird er ihn bewundern und sein Werk bewahren. Tut er das nicht, so wird der Stier nicht viel unzerzauste Haare in der Löwenmähne lassen.

Stier und Jungfrau

Sie mögen sich ganz gut leiden, können sich verstehen und haben sich auch Diverses zu erzählen, wenn denn die Jungfrau nicht zu sehr bohrt und denkt und fragt.

Stier und Waage

Die Waage findet Schutz und Geborgenheit und der Stier eine Herde. Wenn sich ein gemeinsamer Weg ergibt, kann er lang und wunderschön werden.

Stier und Skorpion

Wenn es dem Stier gelingt, das, was der Skorpion in der Tiefe findet und ans Licht befördert, zu sortieren und zu bewahren, ergänzen sie sich gut. Tut er das nicht, haben sie manchmal wenig zu teilen.

Stier und Schütze

Der Schütze lacht gerne ein wenig über den Stier, was diesen gelegentlich zornig macht. Kann er mit ihm lachen, bietet er den idealen Zuhörer für die tausend Geschichten aus Schützens Leben.

Stier und Steinbock

Zwei, die sich ergänzen und bestärken. Wenn sie sich nicht in der Langeweile einmauern, tun sie sich ausgesprochen gut.

Stier und Wassermann

Hier staunt der Stier, was dieses Wesen eigentlich will. Provoziert es? Will es sich lustig machen? Wo fliegt er denn hin? Was will sie nur? Bekommen die Fragen eine Antwort, dann können sich zwei fremde Welten treffen. Wenn nicht, dann eben nicht.

Stier und Fisch

Wenn der Fisch sich nicht eingesperrt und begrenzt fühlt, hat er im Stier einen idealen Schutzwall, der bewahrt und schützt, was der Fisch erträumt.

Zwilling und Zwilling

Zwei Schmetterlinge gaukeln im Wind. Keiner glaubt, sie träfen sich oder könnten Halt aneinander finden. Und sie tun es doch. Und haben oft viel Freude miteinander.

Zwilling und Krebs

Der Kopf und das Herz. Das Empfinden und Spüren mit dem Denken und Reden. Sie werden sich oft nicht finden, wenn sie sich suchen. Haben sie sich jedoch getroffen staunen die anderen.

Zwilling und Löwe

Wer von beiden sieht den anderen eher und warum? Gibt es einen Grund, etwas gemeinsam zu erleben, wird es ein leichtes, aber lebendiges Abenteuer.

Zwilling und Jungfrau

Zwei, die sich in ihren Gedanken begegnen können. Der eine findet, was der andere formuliert. Der eine kennt die Funktion, der andere die Details. Ein sich munter ergänzendes Paar, das so manchen Lehrer verzweifeln lassen wird.

Zwilling und Waage

Wenn der Zwilling die Freude an Harmonie und der Ästhetik teilt und wenn die Waage das Interesse für Darstellung und Sprache oder Funktion und Technik aufbringt, haben beide etwas gefunden, um sich zu ergänzen.

Zwilling und Skorpion

Der Zwilling liebt die Leichtigkeit, will sich viel bewegen können und den Wind in den Haaren spüren. Der Skorpion liebt die leidenschaftliche Tiefe, die Nacht und manchmal staubige, dunkle Schuppen oder Abbruchhäuser mit ihrem unheimlichen Charme. Wenn der Zwilling sich traut, geht er mit.

Zwilling und Schütze

Die Lust an körperlicher Ertüchtigung des Schützen ist begrenzt. Für ihn ist oft das

Drumherum viel wichtiger. Wenn er den Zwilling mit seinen Gedanken und Fragen begeistern kann, haben sich beide viel zu erzählen.

Zwilling und Steinbock

Hier muss sich der Zwilling immer wieder ein wenig an die Leine nehmen lassen. Manchmal gelingt es dem Steinbock dabei die Energien des Zwillings in eine Richtung zu lenken. Wenn sich beide in den Rollen mögen, dann werden sie gut auskommen.

Zwilling und Wassermann

Diese Konstellation wird so manche graue Strähne in die elterlichen Haare zaubern. Selten können zwei Phantasien sich besser zu einem Gedanken formen, der auch umgehend in die Tat umgesetzt wird.

Zwilling und Fisch

Hat der Zwilling Interesse an Fisches Traumwelten, dann können beide daran bauen. Aus Sand, Brettern, Moos, Steinen und anderen brauchbaren Materialien. Und beide werden für unendliche Zeiten darin verwoben.

Krebs und Krebs

Wenn sie lachen, lachen sie. Wenn sie weinen, ist Traurigkeit. Wenn sie streiten, fliegen die Fetzen. Aber gleich und gleich gesellt sich gern und immer wieder gut.

Krebs und Löwe

Hat der Krebs Lust, sich am strahlenden Image des Löwen anzulehnen, werden sie sich etwas zu sagen haben. Sonst müssen sie den mühsamen Weg gehen. Manchmal gelingt ihnen das.

Krebs und Jungfrau

Hier besteht die Gefahr, dass die Jungfrau andauernd die Launen des Krebses analysiert und der Krebs über die spröde Art der Jungfrau mault. Finden sie einen gemeinsamen Nenner, treffen zwei fremde Welten aufeinander, die sich durchaus bereichern können.

Krebs und Waage

Selten werden zwei kleine Mädchen versunkener spielen. Häuser einrichten. Zimmer bemalen. Baumhäuser bauen. Selten werden zwei kleine Mädchen sich heftiger über Details streiten.

Krebs und Skorpion

Emotionaler Tiefgang. Wenn sie streiten, geht es genauso an die Nieren wie ihre erste Liebe. Für die Umgebung sind sie manchmal unausstehlich und hinreißend zugleich.

Krebs und Schütze

Gelingt es dem Schützen, den Krebs für seine Philosophien zu begeistern, so kann dieser ihn in die Welt der Empfindungen mitnehmen. Treffen sie sich nicht in einer dieser Welten, werden sie kaum aufeinander aufmerksam.

Krebs und Steinbock

Wenn man davon absieht, dass jeder den anderen um seiner Eigenart willen beschimpft und an den Haaren reißt, können sich hier zwei Extreme wunderbar ergänzen.

Krebs und Wassermann

Bringt der Krebs den Mut auf, mit dem Wassermann zu fliegen, und der Wassermann den Mut, mit dem Krebs zu tauchen, können sie sich beleben. Sonst gehen sie sich eher aus dem Weg.

Krebs und Fisch

Das kann an Innigkeit und blindem Verstehen für andere kaum zu ertragen sein. Ihre Übereinstimmung wird für viele nicht verständlich. Zwei, die sich andauernd genießen und eigentlich keine Pause brauchen.

Löwe und Löwe

Wenn beide zum Herren der Räuberbande gewählt werden wollen, dann sind wieder einige Pflaster und zwei zu flickende Hosen fällig. Ist die Ordnung hergestellt und sind die Ränge verteilt, bleibt es harmonisch in der Räuberbande.

Löwe und Jungfrau

Meist fehlt der Jungfrau der Mut zu den Abenteuern, die der Löwe ausheckt. Das wird den Löwen nerven. Und für die Jungfrau ist es auch nicht sonderlich angenehm.

Löwe und Waage

Sind die Kreationen des Löwen von schöner Gestalt, wird die Waage sehr wohl wissen, wie sie sie integrieren kann. Arbeiten beide nicht Hand in Hand, werden sie es wohl gar nicht tun.

Löwe und Skorpion

Wahrscheinlich müssen ihre Geschichten immer größer und wilder werden, damit sich diese beiden noch überbieten können. Vielleicht sollten sie erst ins stammtischfähige Alter kommen, um sich auf Dauer nicht zu langweilen, sondern gemeinsam die anderen unterhalten zu können.

Löwe und Schütze

Der Schütze wird den Löwen gerne mit auf seine Reisen nehmen. Und der Löwe wird ihm zeigen, wie man noch besser und noch mehr erlebt. Zwei feurige Gestalten, deren Abenteuer nichts für Hasenfüße sein werden.

Löwe und Steinbock

Wer einen Löwen andauernd maßregeln und bremsen will oder mit ordnender Hand durch seine Mähne streicht, wird ab und zu gehörig angefaucht. Vielleicht gibt es jemand, der das mag.

Löwe und Wassermann

Eigentlich sind sie so unterschiedlich, dass sie sich nicht einmal aus Versehen irgendwo begegnen. Aber gerade das kann ungeheuer faszinierend wirken.

Löwe und Fisch

Mancher Fisch liebt den stolzen Löwen wegen seiner Erscheinung und bewundert sein Auftreten. Mancher Löwe liebt die Hingabe des Fisches an seine Träume. Mag sein, dass dies beiden reicht.

Jungfrau und Jungfrau

Zwei ordentlich spielende Kinder. Anscheinend sind sie unauffällig und still. Man sollte trotzdem nicht unterschätzen, wie groß die Lust sein könnte, irgendetwas komplett auseinander zu nehmen. Analyse ist ihr Hobby.

Jungfrau und Waage

Die Freude an der Begegnung können beide teilen. Allerdings aus völlig unterschiedlichen Beweggründen. Gelingt es ihnen, etwas davon zu teilen, kann etwas entstehen.

Jungfrau und Skorpion

Der Skorpion wird mit Lust die Ordnung der Jungfrau stören. Er wird sie ärgern, weil man das so wunderbar kann als Skorpion. Und dann verliert die Jungfrau das Interesse. Hoffentlich können sie sich auch wieder lassen.

Jungfrau und Schütze

Staunend und mit vor Spannung geröteten Wangen wird die Jungfrau den Geschichten des Schützen lauschen und sie genau beleuchten. Der Schütze kann sich bei der Jungfrau ausruhen und endlich mal entspannen.

Jungfrau und Steinbock

Dieses Gespann ist der Traum jedes Fußballvereins. Strategien und Ballwechsel gehören zu ihren Specials. Und ganz nebenbei ordnen sie auch noch die Mannschaft.

Jungfrau und Wassermann

Hier treffen zwei unterschiedliche Beobachter aufeinander. Verbinden sich ihre Fähigkeiten, können zwei Welten verschmelzen. Gelingt es ihnen nicht, voneinander zu profitieren, werden sie sich übersehen.

Jungfrau und Fische

Keiner wird verstehen, was die beiden andauernd zu reden haben. Gerade nicht mehr beieinander, greifen sie zum Telefon. Aber es gibt eben ungeheuer viel auszutauschen, wenn man ein und dieselbe Welt von zwei verschiedenen Plätzen aus betrachtet. Und sich liebt.

Waage und Waage

Wenn zwei das Schöne lieben, haben sie eine weite und große Welt. Um darin zu wandern, zu schauen und zu sammeln. Ob

Mütter diese Sammlungen schätzen, spielt dabei eine untergeordnete Rolle.

Waage und Skorpion

Nicht jede Waage wird Freude an der dunklen Seite des Skorpions haben. Sie wird sich fürchten. Und nicht jeder Skorpion interessiert sich für Waages gesammelten Krimskrams. Eigentlich wird es mühsam für beide, sich zu begegnen.

Waage und Schütze

Der Schütze wird Waages Welt um ein Vielfaches vergrößern und ihr die Schönheiten von irgendwo zeigen. Waage hingegen öffnet so manches Schützeauge für die Schätze der Welt.

Waage und Steinbock

Die Ordnung des Steinbocks kommt der Ästhetik der Waage entgegen. Ob man dabei freilich spielen kann, bleibt beider süßes Geheimnis.

Waage und Wassermann

Nimmt der Wassermann die Waage mit auf seine manchmal abenteuerlichen Flüge weit oben zwischen den Wolken, wird die Waage nie wieder etwas anderes schön nennen und auf ewig davon träumen.

Waage und Fisch

Der Fisch verschwindet, taucht auf, ist da und dann wieder fort. So schnell ist keine Waage. Es sei denn sie liebt das Versteckspiel. Oder kann warten.

Skorpion und Skorpion

Vielleicht ist es nicht jedermanns Sache, wenn sich seine Kinder nachts heimlich auf dem Friedhof treffen, weil sie sehen wollen, ob es dort gruselig ist. Begleiten sie doch die beiden bei ihren guten Ideen. Die werden immer besser.

Skorpion und Schütze

Ein intensives Gespann, das immer größere Reviere erobert, immer weitere Wege geht und immer spannendere Reisen unternimmt. Zwei, die sich andauernd viel zu erzählen haben.

Skorpion und Steinbock

Wenn es den Skorpion interessiert, was der Steinbock da alles diszipliniert, kann er fasziniert sein. Wenn es den Steinbock interessiert, was den Skorpion so zum Glühen bringt, kann er staunen.

Skorpion und Wassermann

Da der Skorpion hinein will und der Wassermann hinaus, begegnen sie sich wahrscheinlich nur kurz auf der Schwelle der jeweiligen Tür.

Skorpion und Fisch

Hier taucht der Fisch in jene tiefen Augen und der Skorpion verschwindet in den Träumen. Keiner wird satt vom anderen. Und kein Fremder sollte die beiden stören.

Schütze und Schütze

Zwei, die sich mit dem Dreirad und ihren Taucherbrillen auf dem größten Baum im Park den besten Startplatz zum Mond suchen. Traumreisen für Abenteurer. Schmutzige Hosen inbegriffen.

Schütze und Steinbock

Der Schütze bereist das ganze weite Land vom Wald bis zum Schuppen, vom Garagendach bis zu Nachbars Gemüsegarten. Wenn Steinbock will, kann er mit.

Schütze und Wassermann

Manchmal können sie miteinander fliegen gehen. Wenn sie auch noch eine gemeinsame Route finden, gibt es andauernd was zum Lachen. Blödsinn fällt beiden genug ein.

Schütze und Fisch

Wenn es einer jener Fische ist, der nicht allzu verträumt und fern der handfesten und greifbaren Welten lebt, haben sie sehr viel Spaß miteinander. Ansonsten findet der Schütze den Fisch langweilig, weil er oft nicht die Geduld hat, mit ihm in seine Welt zu tauchen.

Steinbock und Steinbock

Sie verstehen sich fast wortlos. Gefährden kaum des anderen Revier. Streiten vielleicht gelegentlich. Aber die rechte Glut entfacht sich weder so noch so. Vielleicht geht es einem Steinbock auch nicht um so etwas.

Steinbock und Wassermann

Sie beflügeln sich gegenseitig in ihren Projekten. Werden den Sandkasten gegen die Techniken beim Voltigieren oder das Modellflugzeug tauschen und später bald am Computer hängen. Oder soziale Ordnungen erdenken und lange Gespräche führen. Hier finden sich zwei - je älter desto anziehender.

Steinbock und Fische

Die Träume des Fisches bauen die schönsten Schlösser aus Sand. Wenn der Steinbock hilft, dass sie nicht zusammenbrechen hat er im Fisch einen großen Bewunderer. Belächelt er die utopischen Pläne, könnten sich zwei ganz schön in die Wolle bekommen.

Wassermann und Wassermann

Die beiden fliegen weit und verstehen wortlos, dass der Apfelbaum viel besser dafür geeignet ist als jeder andere im Umland. Warum also noch nach jemandem suchen, dem man das erklären müsste?

Wassermann und Fische

Wenn der eine das Fliegen mit dem Tauchen vergleichen mag und der andere den weiten Blick wagt, gibt es wenige, die sich so viel zu sagen haben. Aber ob sie es tun, ist sehr ungewiss.

Fische und Fische

Zwei Träumer mit Phantasiepotenzial ohne Ende. Wenn beide offen damit sind und sich darin besuchen, wird diese Begegnung zu einem unendlich schönen Märchen. Sonst kann es aber auch einfach langweilig werden.

EPILOG

Was kann die Astrologie? Oder was können Sie eigentlich von ihr erwarten?

Die Astrologie kann eine ganze Menge. Neben dem unbestrittenen Unterhaltungswert von Tages-, Wochen- und Monatshoroskopen in den Illustrierten und Tageszeitungen gehen wir tagtäglich mit den Rhythmen von Sonne und Mond um. Viele Menschen nutzen mit großem Erfolg die Kraft des Mondes in den einzelnen Sternzeichen und die verschiedenen Phasen, in denen unterschiedliche Kräfte wirken. Darüber hinaus ist es auf eine sehr persönliche und direkte Weise möglich, in den unterschiedlichsten Krisensituationen zu erkennen, was die Ursachen sein könnten, wie es zu etwas gekommen ist und welche Wege sich eröffnen, um die Schwierigkeiten zu meistern, die einem das Herz schwer machen. Viele der besonders eigenartigen und dadurch sinnvollen und effizienten Strategien werden im Laufe der Kindheit und Jugend aus diversen, vernünftigen Gründen auf die Seite gelegt und geraten dort in Vergessenheit. Natürlich entstehen neue Eigenschaften und Fähigkeiten, denn jedes Wesen sucht sich seine Nische für den persönlichen Erfolg. Trotzdem bleibt so manches auf der Strecke oder gerät ins Abseits, aus dem wir es oft selbst gar nicht mehr hervorholen können.

Manchmal ist die Astrologie ein wunderbarer Maler. Das Bild, das Sie für Ihr Kind in Auftrag geben, wird von den Sternen mit den Farben des Himmels gemalt und beschreibt alle möglichen Facetten zu einer Zeit, in der es voller Unschuld gerade erst das Licht der Welt erfährt. Der Astrologe ist dabei nur der Übersetzer oder so etwas, wie der Arm, der den Pinsel hält.

Zu einem späteren Zeitpunkt kann man durch die klare Schrift der Symbolik an das erinnern, was ursprünglich angelegt und mit den Jahren den Gegebenheiten des Lebens angepasst wurde. Erwachsene, die zu mir kommen, staunen immer wieder darüber, wie die schon lang verwobenen Fäden sich anhand eines Horoskops entwirren und wieder aufnehmen lassen. Die ursprüngliche Begabung erkennend, verfolgen sie die Wege und begreifen erstaunt, an welchen Abzweigungen sie sich aus welchen Gründen für etwas entschieden haben. Oft klären sich Konzepte. Ängste werden akzeptabel. Und man kann sich vorsichtig näher kommen.

Astrologische Beratungen haben dabei weder etwas mit dem mystisch-seherischen Blick in eine Glaskugel noch mit einer Therapie zu tun!

Oft werde ich aufgesucht, um für die kurze Zeit der Beratung ein Konzept, eine

Idee, eine Momentaufnahme des Lebens oder einer Beziehung oder einer ganz bestimmten Situation zu betrachten. Manchmal geht es um Bestätigung oder ein Krisenmanagement, bei dem man alleine gerne die Übersicht verliert, oder es geht schlicht um Trost. Man holt sich eine Beratung, um gesehen zu werden, ohne bekannt zu sein.

Ich höre zu. Und setze in Bezug zu dem jeweiligen Horoskop. Oder ich erzähle, was ich aus dem Sternbild lesen kann und mein Gegenüber hört mir schweigend zu. Fast immer entwickelt sich ein Gespräch. Manchmal erst gegen Ende der Zeit. Meist ist die Arbeit, die dabei entsteht, sehr intensiv und geht besonders tief. Vor allem dann, wenn die Schranken der Fremde fallen und sich etwas so schnell entwickeln darf, wie es die außerordentliche Form der astrologischen Beratung erlaubt.

Eventuell sieht man sich nie wieder. Gelegentlich kommt jemand ein zweites, drittes und viertes Mal. Oder es ergibt sich nach einiger Zeit wieder eine nächste Begebenheit, die auf astrologische Weise analysiert werden kann. Manche Menschen bevorzugen eine schriftliche Ausarbeitung und wollen gar keine Begegnung. Für die einen entsteht daraus die Klarheit, die sie brauchen, um sich einen Therapeuten zu suchen, der ihr „Ich-Empfinden" nachhaltig stärkt. Anderen nützt diese einmalige Unterstützung. Und schließlich gibt es natürlich immer wieder frisch gebackene Eltern, die möglichst viel über das kleine Wesen, das da in ihren Armen liegt, hören wollen.

Vielleicht sind Sie ja neugierig geworden. Möglicherweise haben Sie sogar schon ein größeres oder gar ein ganz großes Kind und würden gerne mehr wissen. Vielleicht entdeckten Sie in diesem Buch diverse Ähnlichkeiten mit sich selbst.

Ganz gleich, was Sie nun zu der Neugier auf Ihr eigenes Horoskop oder das Ihrer Kinder veranlasst hat, ich freue mich darüber!

Sie können mir gerne eine Karte mit den Geburtsdaten, dem Ort, an dem die oder der Betreffende geboren wurde, und die möglichst genaue Tageszeit der Geburt zusenden. Bitte geben Sie auch Ihre Telefonnummer an.

SASA PUTZAR
FUCHSBERGSTR. 8
86938 SCHONDORF

oder

SASA@PUTZAR.NET

Ich erstelle Ihnen dann ein schriftliches Horoskop.

Vielleicht wollen Sie mich allerdings lieber besuchen. Dann schreiben Sie mir, damit wir einen Termin vereinbaren können.